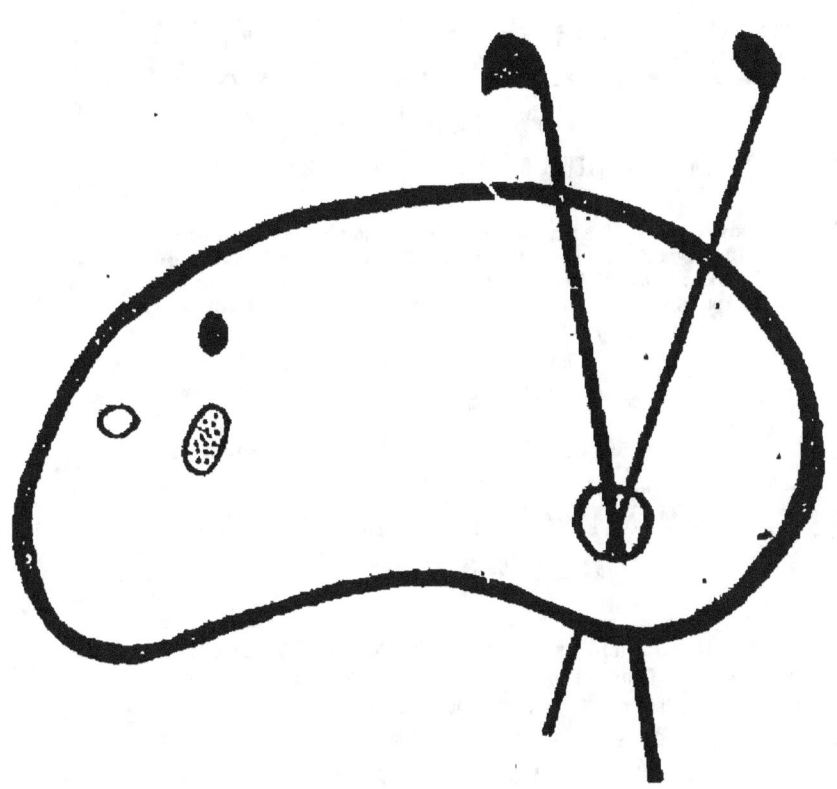

DEBUT D'UNE SERIE DE DOCUMENTS
EN COULEUR

21 MAI 1855

CATALOGUE
D'UN CHOIX DE BELLES
ESTAMPES
ANCIENNES
PAR LES MEILLEURS GRAVEURS DU XV° AU XVIII° SIÈCLE

TELS QUE :

REMBRANDT. Une magnifique épreuve de la pièce aux cent florins, Un bel œuvre des Portraits de **VAN-DICK**, celui de **WATERLOO**, **EVERDINGEN**, **BERGHEM**, **JEAN DUVET**, la suite rare de l'Apocalypse; des Portraits par **NANTEUIL**, **EDELINCK**, **DREVET**, etc., etc., et quelques dessins.

DONT LA VENTE AURA LIEU

Après le décès de M. le Chevalier de S***

Le Lundi 21 Mai 1855, et les trois jours suivants

heure de midi,

HOTEL DES VENTES MOBILIÈRES
RUE DROUOT, 5
Salle n. 4,

Par le ministère de M° **BONNEFONS DE LAVIALLE**,
Commissaire-Priseur, rue de Choiseul, 11,
Assisté de M. **DEFER**, Expert, quai Voltaire, 21,

EXPOSITION PUBLIQUE

Le Dimanche 20 Mai 1855, de une heure à cinq heures.
Et le matin de chaque Vacation, de 11 heures à midi.

LE CATALOGUE SE DISTRIBUE A PARIS :

Chez M° **BONNEFONS DE LAVIALLE**, Commissaire-Priseur.
M. **DEFER**, Expert, quai Voltaire, 21.

PARIS
MAULDE & RENOU
IMPRIMEURS DE LA COMPAGNIE DES COMMISSAIRES-PRISEURS,
rue de Rivoli, 144.

1855

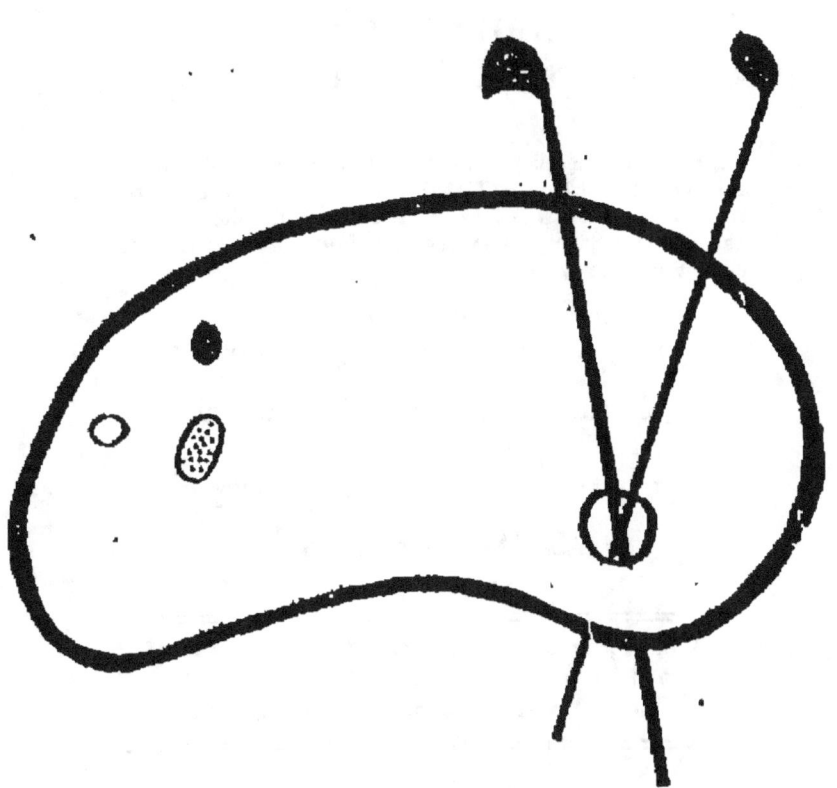

FIN D'UNE SERIE DE DOCUMENTS
EN COULEUR

CATALOGUE

D'UN CHOIX DE BELLES

ESTAMPES

ANCIENNES

PAR LES MEILLEURS GRAVEURS DU XVe AU XVIIIe SIÈCLE

TELS QUE :

Rembrandt, Une magnifique épreuve de la pièce aux cent florins, Un bel œuvre des Portraits de **Van-Dick**, celui de **Waterloo**, **Everdingen**, **Berghem**, **Jean Duvet**, la suite rare de l'Apocalypse; des Portraits par **Nanteuil**, **Edelinck**, **Drevet**, etc, etc., et quelques dessins.

DONT LA VENTE AURA LIEU

Après le décès de M. le Chevalier de S***

Le Lundi 21 Mai 1855, et les trois jours suivants

heure de midi,

HOTEL DES VENTES MOBILIÈRES

RUE DROUOT, 5

Salle n. 4,

Par le ministère de Me **BONNEFONS DE LAVIALLE**,
Commissaire-Priseur, rue de Choiseul, 11,
Assisté de M. **DEFER**, Expert, quai Voltaire, 21,

EXPOSITION PUBLIQUE

Le Dimanche 20 Mai 1855, de une heure à cinq heures,
Et le matin de chaque Vacation, de 11 heures à midi.

LE CATALOGUE SE DISTRIBUE A PARIS :

Chez Me Bonnefons de Lavialle, Commissaire-Priseur.
M. Defer, Expert, quai Voltaire, 21.

1855

AVERTISSEMENT.

———

Les Expositions mettant à même MM. les amateurs et marchands de vérifier la qualité et la conservation des estampes, il ne sera admis aucun cas redhibitoire pour quelque cause que ce soit, une fois l'adjudication prononcée.

———

Il sera perçu cinq pour cent en sus des enchères.

———

NOTA. — Les numéros entre parenthèse pour les écoles italienne, allemande, flamande et hollandaise sont ceux du Catalogue de Bartsch, et les numéros pour les maîtres français sont ceux du *Peintre-Graveur français*, de M. Robert Dumesnil.

U.. ..e de vacation sera délivré ultérieurement.

AVANT-PROPOS.

La collection d'estampes que nous sommes chargés de vendre, est une des plus importantes de celles vendues cette année, non par le nombre, mais par le choix des morceaux qui la compose (1). Il

(1) Notre collection peut rivaliser, non pour le nombre, mais pour le choix, avec celle de feu M. Van den Zande, dont la vente précède la nôtre. Cette collection, annoncée depuis bientôt deux ans, n'a pas répondu à l'attente des amateurs ; il a été reconnu qu'à quelques exceptions près, les principaux maîtres n'étaient pas représentés par leurs œuvres capitales; on y a aussi reconnu l'influence exercée en faveur de plusieurs maîtres secondaires qui tiennent une grande place dans le catalogue qui en a été fait avec le plus grand soin, et où rien n'a échappé à la sagacité du rédacteur, qui n'a oublié aucun détail, même celui d'apprendre aux amateurs (n° 1116) qu'une estampe doublée est une estampe collée sur une feuille de papier.

Toujours reconnaissant à qui nous signale les erreurs commises dans nos catalogues, erreurs qu'excuse la brièveté du temps qui nous est le plus souvent laissé et dont plus de vingt-cinq années de direction de vente d'objets d'art, nous ont appris à reconnaître l'utilité, nous témoignerons ici notre gratitude à l'auteur du Catalogue Van den Zande, en lui signalant une erreur, qui, parmi

nous suffira de citer les principaux pour justifier notre opinion; savoir : Une œuvre de *Van Dyck*, dont les eaux-fo es, au nombre de seize, sont avant la lettre, vingt-deux de portraits gravés d'après lui, aussi avant la lettre et quarante-cinq avant les noms des graveurs, et de la plus grande beauté. Les œuvres de *Waterloo* et d'*Everdingen*, belles épreuves du temps; de belles pièces de *Rembrandt*, dont : la pièce aux Cent Florins, magnifique épreuve sur papier du Japon, du 1er état de Bartsch; les Trois-Croix 1er état, le Vieux Haring, beau et rare portrait sur papier du Japon; les Spirituelles, eaux-fortes, en premier état, des Berghem, Both, Bréemberg Stoop, S. de Viégler et autres peintres graveurs. De beaux morceaux par Bolswert, Suyderoeff, Goltzius dont le chien du jeune Frisius, superbe épreuve, etc., etc.

Dans les anciennes écoles italienne et allemande, des estampes rares de Mantègne, Campagnola, Marc-

d'autres sans importance pour sa vente, pourrait compromettre la valeur de l'estampe sous le n° 817.

Cette estampe, la Descente de Croix, d'après Rubens, par Claessens, annoncée comme copie, est bien la première épreuve de la planche originale, que l'artiste peu satisfait retoucha entièrement. A la mort de M. Claessens, l'héritier déchira toutes les épreuves du premier tirage, et c'est à une soustraction qu'on qu'on doit d'en avoir quelques unes dans le commerce, où elles se sont vendues jusqu'à 400 fr. Ces épreuves se reconnaissent en ce qu'elles sont avant tous noms d'auteurs, tandis que les épreuves de la planche corrigée sont avec les noms tracés à la pointe; il y a de cette dernière des épreuves lettres grise qui sont aussi très-rare. La planche est aujourd'hui chez M. Fatout, marchand d'estampes à Paris.

Antoine et les maîtres de son école; l'œuvre complète de Canaletti; dans les allemands et flamands, Martin Schongauer, Albert-Durer, Lucas de Leyde, et l'œuvre des Kilian.

Dans l'école française : Trente pièces par Jean Duvet, dont la suite, si rare, de l'Apocalypse; une pièce très rare d'Henri IV sur son lit de mort, par Jean Briot, de curieux portraits des règne d'Henri IV et Louis XIII, par Thomas de Leu et Léonard Gauthier. Enfin une suite nombreuse de portraits par Nanteuil, Drevet, Edelinck, Masson et autres graveurs français pour lesquels nous renvoyons aux descriptions sommaires du Catalogue.

DÉSIGNATION DES ESTAMPES.

École d'Italie.

1. **Beatrizet** (Nicolas). Jésus ressuscitant la fille de Jaïre, d'après Mucian (15). Belle épreuve.
2. — Jésus debout, tenant sa croix (23).
3. — Sainte Elisabeth de Hongrie visitant les malades (31). Belle épreuve.
4. — La chute de Phaéton (38). Très-belle épreuve.
5. — La copie gravée par un anonyme en contre-partie.
6. — L'arbre de la croix adoré par la sainte Vierge (35). Belle pièce ; elle est rare. Belle épreuve.
7. **Bonasone** (Jules). Saint Marc (75).
8. — Le jugement du roi Midas (89). Très-belle épreuve.
9. — Histoire de Jason et de Médée (98).
10. — Mercure surprenant les filles d'Aglaure (102).
11. — La déesse Flore assise dans un jardin au milieu de plusieurs nymphes (111), d'après Jules Romain. Belle épreuve.
12. — Le jugement de Pâris (112)
13. — Sujet inconnu (175).
14. **Campagnola** (Jules). Saint Jean en pied dans

une campagne (3). Pièce belle et très-rare. Ce morceau est remarquable en ce qu'on peut le regarder comme un des premiers gravé au pointillé.

15. — **Canaletti** (Antoine). Vues de Venise. 31 pièces à l'eau-forte; à la première, la dédicace à Joseph Smith. Suite rare.
16. — **Caraglio** (Jacques). La bataille au bouclier sur la lance, d'après Raphaël. Pièce capitale du maître. Très-belle épreuve.
17. **Carrache** (Augustin). Jésus-Christ montré au peuple, d'après le Corrège. Belle pièce.
18. — Saint Jérôme (76), d'après le Tintoret. Belle épreuve d'une pièce capitale du maître, de la collection de *Pierre Lely*.
19. — La Vierge protégeant deux confrères, d'après Paul Véronèse (105).
20. **Enee Vico**. Joseph d'Arimathie soutenant le corps de Jésus, d'après Raphaël (7).
21. — Jésus couché à l'entrée du sépulcre (8), d'après Raphaël.
22. — Le Christ descendu de la croix (9). Grande pièce que l'on croit gravée d'après George Vasari.
23. **Del Moro** (Battista). Henri II. Pièce rare à l'eau-forte.
24. — **Longhi** *dir019exit*. (Joseph). Le massacre des Innocents, d'après Raphaël. Très-belle épreuve sans aucune lettre.
25. **Maître au Dé**. La Vierge couronnée par deux anges (8), d'après Raphaël. Très-belle épreuve.

26. **Mantegne.** Jésus mis au tombeau (2). Belle épreuve d'une pièce, rare.
27. **Mantuan** (Jean-George-Ghisi). Le Portrait de Michel-Ange (71), d'après ce maître. Très belle épreuve.
28. — (Diana Ghisi dit). Les noces de Psyché. Très grande estampe en trois feuilles. Curieuse épreuve retouchée à l'encre de Chine.
29. — Jésus-Christ ressuscitant et sortant glorieux du tombeau à la vue des soldats effrayés (10), d'après Jules Romain. Belle épreuve.
30. — **Montagna** (Benoît). L'homme assis près d'un palmier. Épreuve rare avant l'adresse de *Guidotti for*.
31. **Raimondi** (Marc-Antoine). Petits saints. Saint Antoine de Padoue (42), copie. Saint Joseph (154). Saint Roch (164). Sainte Apolline (175). En tout quatre pièces. Belles épreuves.
31 bis. — Adam et Eve fuyant du Paradis (2), belle et rare épreuve.
32. Les cinq saints (113), d'après Raphaël.
33. Faunes portant un enfant (230), d'après un bas-relief antique. Belle pièce. Elle est doublée.
34. Apollon et Daphné (317), d'après Raphaël.
35. La Galatée (350). Belle épreuve d'une pièce rare.
36. La Poésie (382), d'après Raphaël.
37. **Marc de Ravenne.** La Force, d'après Raphaël (395).
38. **Augustin Vénitien.** La Manne (8), d'après Raphaël. Très-belle épreuve du premier état. *Collect. Mariette, 1670.*

39. **École de Marc-Antoine.** Jupiter foudroyant les géants (B. vol. 15 pag. 45). Très belle épreuve.
40. **Robetta.** La Vierge aux anges (13). Pièce sans marque, l'une des plus belles de ce maître.
41. **Volpato** (Jean). Christ porté au tombeau, dit le Christ de la villa Borghèse, d'après Raphaël.

Ecole Allemande.

42. **Durer** (Albert) l'Enfant prodigue (28). Très-belle épreuve.
43. — La Vierge couronnée par deux anges (36). Belle épreuve d'une jolie pièce.
44. — Apollon et Diane (68). Belle épreuve.
45. — La famille du Satyre (69). Belle épreuve.
46. — La Mélancolie (74). Pièce capitale du maître.
47. — Le groupe des quatre femmes nues (75). Très belle épreuve.
48. — L'Oisiveté (76). Très-belle épreuve.
49. — **Kilian** (Lucas, Barthélemy, Wolfgang et Philippe (les). Leurs œuvres en 257 pièces, portraits de personnages allemands de tous états. 2 vol. in-fol. rel. en veau. Recueil très rare.

Cette collection est curieuse sous le rapport du costume; elle est due au burin d'une famille d'artiste qui a marqué en Allemagne de toute la durée du xviie siècle; tous les portraits qui la composent sont bien gravés, et les épreuves sont très belles.

50. — **Louis Krug**, dit le maître à la cruche. L'Adoration des Rois, 1516 (2). Belle épreuve.
51. **Mecken** (Israël de). L'Homme de douleur

(138). L'estampe est rognée dans le bas, et ne laisse pas voir l'inscription.

52. **Schongauer** (Martin) L'Ange de l'Annonciation (1).
53. Le Baptême de Jésus-Christ (8). Belle pièce.
54. — Jésus-Christ présenté au peuple (15). Jésus portant sa croix (16). Deux pièces, deux lots.
55. — La Vierge debout (28). Collect. Paar.
56. — Saint Antoine tourmenté par les démons. Copie avec le chiffre de Durer.
57. **Schmidt de Berlin** (Jean-George). La Présentation de la sainte Vierge au temple, pièce terminée au burin (172 du *Catalogue de l'œuvre de Schmidt*). Épreuve très-rare avant la lettre.
58. — De La Tour, peintre ; de Caylus, évêque d'Auxerre ; Fr. Prévost, P. Guyot Desfontaines, d'après Tocqué ; Mlle Clairon, et le portrait de Weirotter, gravé par Schmuzer.

Ecoles Flamande et Hollandaise.

60. **Akerloost**. Cérès changeant le jeune Stelion en lézard. Pièce gravée d'après Jean Van den Velde. Très-belle épreuve.
61. **Baur** (Guillaume). Une bataille pour les guerres de Belgique de Strada. Très-belle épreuve avant l'écriture dans la banderolle qui est dans le ciel.
62. **Berghem** (Nicolas). La vache qui s'abreuve (1). Belle épreuve avant l'adresse de Schenck, du cabinet de *M. F. Debois*.

63. — La vache qui pisse (2). Très-belle épreuve avant l'adresse de *F. Witt ex.*

64. — Les trois vaches au repos (3). Très-belle et première épreuve avant les travaux de pointe sèche sur le nuage et sur les montagnes. Très-rare. Elle manque de conservation.

65. — Le pâtre jouant de la flûte (6). Belle épreuve sur papier à la folie et avant le n° 51, ajouté pour placer dans l'œuvre de C. Dujardin.

66. — Le pâtre causant avec une femme (7). Morceau gravé d'une pointe vite et très-libre. Belle épreuve d'une pièce rare.

67. — Le berger assis sur la fontaine (8). Le troupeau traversant le ruisseau (9). Le troupeau en repos (10). Halte près du cabaret (11). Le ruisseau traversé (12). Très rare avec l'année 1655, état intermédiaire entre les premier et deuxième état de Bastsch. Le ruisseau traversé (12 a). Très rare. Six pièces très-belles épreuves, la première avant l'adresse de *Frederick de Witt excudit*, plus une contre-épreuve du n° 8.

68. — Les cinq mêmes, avec l'adresse de *Justus Dankerts excudit* à la première pièce et les n°˙. Belles épreuves sur papier à la folie.

69. — Tête de bouc (17). Tête de bouc au front éclairé (18).

70. — Les vaches à la laitière (23 à 28). Suite de six estampes ; à la première on lit *C. P. Berghem fecit et excudit*, 1644. Très-belles épreuves avant les n°˙, le n° 6 excepté.

71. — Le Cahier à la femme. Huit feuilles (41 à 48) représentant des moutons. Belles épreuves avec l'adresse de *Th. Matham excud. Amst.* et avant les nos.

72. — Le Cahier à l'homme. Huit feuilles représentant des béliers et chiens de bergers (49 à 56). Belles épreuves avec l'adresse de *Th. Matham excud. Amst.* et avant les nos.

72 bis. **Berghem.** *Pièce non décrite.* A gauche, un homme à genoux tenant un vase dont il soulève le couvercle devant deux femmes dont l'une jeune, assise devant un lit, témoigne de son effroi ; le fond laisse voir par une arcade, où sont deux soldats, divers monuments. Cette estampe, par le caractère des têtes et l'exécution de la pointe, ne peut laisser aucun doute sur son authenticité; aucun calcographe ne la cite. Elle est sans marque.

73. **Bleker** (G.). Le Vacher (6). La Laitière (9). Deux pièces à l'eau-forte, belles épreuves.

74. **Bloteling** (Abraham). La Vierge, l'Enfant Jésus et sainte Catherine, d'après A. Van Dyck. Très-belle épreuve avant la lettre et avant les armes d'une jolie pièce ; on lit seulement les noms d'auteurs et *P. Van Schuppen ex.*

75. **Bolswert** (Schelte à). La Vierge, l'Enfant Jésus, saint Jean et sainte Anne. Sujet dit la *Vierge au mouton.* Très-belle épreuve avec l'adresse de *Martinus Van Eden.*

76. La Fuite en Égypte, d'après Rubens. Belle épreuve avec l'adresse de *Martinus Van Enden*.

77. — Sainte Famille, d'après Rubens. Titre : *Dilectus meus*. Très-belle épreuve sans adresse ; seulement le *cum privilegio*.

78. — Le Festin d'Hérode, d'après Rubens. Belle pièce, superbe épreuve avant la lettre, signée Mariette. Très-rare.

Une épreuve de cette qualité a été vendue 209 fr. a la vente de la collection de M. Debois.

79. — Christ en croix, dit le Christ à l'éponge. Belle épreuve de l'édition de Gillis Hendrix, où saint Jean n'a pas la main sur l'épaule de la Vierge, et où le nom de Van Dyck est placé au coin du bas à gauche dans l'estampe.

80. — Christ en croix, d'après Rubens ; titre : *Predicamus....* Très-belle épreuve avec l'adresse de *Martinus Van Eden ex*.

81. **Both** (Jean). Suite de six paysages en largeur (nᵒˢ 6 à 10). Belles épreuves avant le nom de Both.

82. — Suite de quatre paysages en hauteur (1 à 4). Belles épreuves ; le nᵒ 2 avant tout nom ; les nᵒˢ 3 et 4 avant l'adresse de Matham, mais avec le nom de Both (ces deux états non décrits par Bastsch), et le nᵒ 1 avec cette adresse.

Cet article pourra se réunir au précédent.

83. — Le Muletier (6). Les Pêcheurs. (9) Épreuves avant le nom de Both. Deux lots.

84. — Les cinq sens de l'homme. Suite de cinq pièces gravées à l'eau-forte, d'après André Both. Belles épreuves avant l'adresse de *F. de Witt*
85. — **Breemberg** (Bartholomee). Vues de Rome. Jolie suite gravée en 1640 (n° 1 à 17, manque le n° 17). Le Satyre maltraitant sa femme (19). Les Satyres (20). Dix-huit pièces, belles épreuves. Très-rare.

L'œuvre de ce maître, en 25 pièces, s'est vendu 1,080 francs en 1852, vente Silvestre.

86. **Bronkhorst** (Jean-G.). Première planche de Ruine (22). Belle épreuve d'une pièce rare).
87. **Cuyp.** (Albert). Suite de six vaches.
88. **Dyck** (Antoine Van). Son œuvre en cent vingt-six portraits de peintres et autres personnages ses contemporains ; magnifiques épreuves, dont seize à l'eau-forte de sa main, sont avant toute lettre et doubles avec la lettre, vingt-deux d'après lui par divers graveurs, épreuves très-rares avant la lettre ; quarante-sept aussi d'après lui par Bolswert, Pontius, Worsterman, P. de Jode ; épreuves très-rares avant le nom du graveur et avec une seule ligne de titre ; et enfin vingt-quatre épreuves avec le nom, mais avec l'adresse de M. V. E. (Martinus Van Eden.)

Cet article sera divisé dans l'ordre suivant :

EAUX-FORTES PAR VAN DYCK.

Van Dyck. Son portrait. La tête seule. Rare. Eau-forte avant toute lettre.
— *Icones principum*, etc. Titre pour l'iconographie de Van

Dyck, la tête seulement, à l'eau-forte ; le reste terminé par Jac. de Neffs. Belle épreuve sur papier à la folie de *Gillis Hendrix.*

Breughel (Pierre). Belle et rare eau-forte avant la lettre. *Coll. J. Barnard.*
— Épreuve avec la lettre sur papier à la folie, de l'édition de G. H. dont on a gratté les lettres.

Breughel (Jean). Belle et rare à l'eau-forte, épreuve avant toute lettre.

Citermann (Judocus). Belle épreuve avec les lettres G. H.

Erasme de Rotterdam. Belle et rare eau-forte, épreuve avant toute lettre.
— Le même portrait. Très-belle épreuve avec la lettre ; elle est sur papier à la folie. *Coll. J. Barnard.*

Franck (François). Belle et rare eau-forte, épreuve avant la lettre.
— Belle épreuve avec la lettre et avec les lettres G. H. Elle est doublée.

Leroy (Philippe), seigneur de Ravels. Curieux de tableaux. Portrait dans un ovale avec bordure. Rare épreuve avant la lettre avant les armes et avant la chaîne du personnage, sous le manteau. Le même portrait avec la lettre et les mots *A. van Dyck faciem delineavit, fecit aquâ forti.* Et la chaîne paraissant sous le manteau.
— Le même personnage. Il est dirigé vers la gauche en sens opposé du portrait précédent. Première et rarissime épreuve où il n'y a que la tête de gravée et un peu du collet de l'habit et la collerette. Il y a une tâche d'eau-forte derrière la tête du personnage.
— Le même portrait terminé dans un ovale, sans bordure. Très rare (1).

Momper (Iodocus). Belle et rare eau-forte. Épreuve avant toute lettre. *Coll. J. Barnard.*

Noordt (Jean Van). Belle et rare eau-forte. Épreuve avant la lettre.
— Le même. Belle épreuve avec la lettre.

(1) Voir la note de M. Weber dans son catalogue de Van Dyck, pour ce portrait qu'il doute être de ce maître, et dont une épreuve cependant s'est vendue au prix de 6 livres sterling.

Pontius (Paul Dupont). Belle et rare eau-forte avant toute lettre.
— Le même portrait. Belle épreuve avec la lettre, mais avant divers travaux et contre-tailles sur toute la planche et avant le mot *Antuerpiæ. Coll. Mariette, 1674,* et *J. Barnard.*
— Le même portrait avec les contre-tailles et le mot *Antuerpiæ. Coll. J. Barnard.*

Snellinx (Jean). Portrait à l'eau-forte avant toute lettre ; le nom écrit à la plume dans la marge.
— Le même portrait. Belle épreuve avec la lettre.

Sneyders (François). La tête seule. Belle et rare eau-forte avant la lettre, premier état (1).
— Le même portrait terminé par J. de Neeffs. Belle épreuve avec les lettres G. H.

Triest (Antoine), évêque de Gand. Avant le nom du graveur Pierre de Jode. M. V. E. La tête gravée par Van Dick.

Vaël (Jean de). Rare et belle épreuve avant toute lettre et où le bras gauche est à peine tracé, premier état.
— Le même portrait, avec la lettre. Le bras gauche terminé. Les lettres G. H., épreuve doublée. *Coll. J. Barnard.*

Vos (Paul de). La tête seule à l'eau-forte. Belle et rare épreuve avant la lettre.
— Le même portrait. Belle eau forte avec la lettre et l'adresse de Meysens, avant diverses contre-tailles sur le manteau.
— Le même, avec les contre-tailles et l'adresse de Meyssens.

Vos (Guillaume de). Epreuve avec la lettre, terminée par S. Bolswert ; elle est de l'édition de G. H.

Vorstermans (Lucas). Belle et rare eau-forte avant la lettre. *Collect. J Barnard.*
— Le même portrait. Très-belle épreuve avec la lettre. *Collect. J. Barnard.*

BOLSWERT (Schelte à)

Aremberg (Albert prince d'). M. V. E. (*Martinus Van Eden*)
Brauwer (Adrien). Avant le nom du graveur. M. V. E.

---

(1) M. Veber indique un deuxième état avant la lettre ; il y a le nom du personnage. Aussi un deuxième état du portrait de Vael avant la lettre, où le bras est gravé.

Franck (Sébastien). Avant le nom du graveur. M. V. E.
Lipse (Juste). Avant le nom du gr. M. V. E.
Pepyn (Martin). Avant le nom du graveur. M. V. E.

CORNEILLE GALLE (dit le Vieux).

Wolfart (Arthur). Avant le nom du graveur. M. V. E. *Coll. J. Barnard.*

HONDIUS (Guillaume).

Hondius (Guillaume). Son portrait gravé par lui. M. V. E.
Franck le jeune (François). Avant le nom du graveur. M. V. E.

JODE (Pierre).

Ferdinand d'Autriche. Avec l'adresse de Joannes Meysens.
Coster (Adam de). Avant le nom du graveur, et le coin de gauche non terminé. M. V. E. *Coll. J. Barnard.*
Halmallus (Paul), sénateur. Avant le nom du graveur. M. V. E.
Jordaens (Jacques). Avant le nom du graveur. M. V. E. *Coll. J. Barnard.*
Jode (Pierre de). Avant le nom du graveur. M. V. E. *Coll. J. Barnard.*
Duchesse d'Orléans (Marguerite de Lorraine). Avant le nom du graveur. M. V. E.
Poelenbourch (Corneille). Avant le nom du graveur. M. V. E.
Snellinx (Jean). Avant le nom du graveur. M. V. E.

JODE (Arnoult).

Catherine Howard. M. V. E.

MEYSENS (Jean).

Maria Rutten. Femme d'Ant. Van Dyck. Belle épreuve d'eau-forte pure. Très rare; non décrit au catalogue Veber.
— Le même portrait, plus travaillé et avec l'adresse de Vyngaerde, à la place de *Meysens fecit et excudit.*
Ee (François Van der). Joannes Meysens *fecit.*
Charles I**er****, roi d'Angleterre.** Belle épreuve avec *excudit.*

NEEFS (Jacques).

Crayer (Gaspard). Avant le nom du graveur. M. V. E.

PONTIUS (Paul).

Pontius (Paul). Gravé par lui-même, avant le nom du graveur. M. V. E.
Alvar Bazan (Don), général des troupes du roi d'Espagne dans les Pays-Bas. M. V. E.
Brevck (Jacques de). Avant le nom du graveur. M. V. E.
Baelen (Henri van). Avant le nom du graveur. M. V. E.
Columna (Charles) ou Colonne. M. V. E.
Frockns (Emmanuel). M. V. E.
Gusman (Don Diego Ph. de). M. V. E.
Hugens (Constantin). Avant le nom du graveur. M. V. E.
Scaglia (César-Alexandre). Abbé. Coll. J. Barnard.
Geest (Corneille van). Avant le nom du graveur. M. V. E. Coll. Mariette, 1667, et J. Barnard, 1790.
Honthorst (Gérard). Avant le nom du graveur. M. V. E. Coll. J. Barnard.
Lon ou **Loon** (Théodore). Avant le nom du graveur. M. V. E.
Mytens (Isaac). Avant le nom du graveur. M. V. E.
Palamedes. Avant le nom du graveur M. V. E.
Rubens (Pierre-Paul). Avant le nom du graveur. M. V. E.
Ravestyn (Gaspar). Avant le nom du graveur. M. V. E.
Seghers (Daniel), peintre de fleurs, d'après Livens. Très-belle épreuve de M. V. E.
Steenwick (Henri). Avant le nom du graveur. M. V. E. Coll. J. Barnard.
Vos (Simon de). Avant le nom du graveur. M. V. E.
Wildens (Jean). Avant le nom du graveur. M. V. E.

STOCK (André).

Osptal (Antoine Van), par Stock. Epreuve avant le nom du graveur.
Snayers (Pierre). Avant le nom du graveur. M. V. E.

SILVESTRE (Susanne).

Mallery (Charles de). Avant le nom du graveur. M. V. E.

VISSCHER (Corneille).

Sievert (Helena Leonora de). Epreuve avec l'adresse de Eduwaert du Booys excudit. *Coll. J. Barnard.*

VOERST (Robert Van).

Son portrait. Gravé par lui-même. Epreuve avant le nom du graveur. M. V. E.
Digbi (Kenelmus). Astronome. M. V. E.
Comte de Pembroke. Très-belle épreuve.
Vouet (Simon). Peintre. M. V. E.

WORSTERMAN (Lucas).

Peirese (F. Nicolas). Sénateur, avant le nom. M. V. E.
Cachopin (Jacobus). Avant le nom du graveur. M. V. E. *Coll. J. Barnard.*
Callot (Jacques). Avant le nom du graveur. M. V. E. *Coll. J. Barnard.*
Cornelissen (Antoine). Avant le nom du graveur. M. V. E. *Coll. J. Barnard.*
Eynder (Hubert Van). Avant le nom du graveur. M. V. E. *Coll. J. Barnard.*
Galle (Théodore). Avant le nom du graveur. M. V. E.
Gentileschi (Horace). Avant le nom du graveur. M. V. E.
Howart (Comte d'Arundel). Très-rare épreuve avant les deux dernières lignes. *Coll. J. Barnard.* Etat non décrit par Veber.
Livens (Jean). Avant le nom du graveur. M. V. E. *Coll. J. Barnard.*
Milder (Jean Van). Avant le nom du graveur. M. V. E.
Momper (Judocus de). Avant le nom du graveur. M. V. E.
Jean comte de Nassau. Belle épreuve avant le *Cum privilegio* effacé.
Rachtleven (Corneille). Avant le nom du graveur. M. V. E.
Schut (Corneille). Avant le nom du graveur M. V. E. *Coll. J. Barnard.*
Uden (Lucas Van). Avant le nom du graveur. M. V. E.
Vos (Corneille de). Avant le nom du graveur.

VAUMANS (Conrad).

Scaglia (César-Alexandre). Abbé. Avant le nom du graveur. M. V. E.
Seghers (Gérard). Belle avant toute adresse.

HOLLAR (Wenceslas).

Le comte de Porteland. Epreuve avec *Meysens excudit*.

LAUWERS (Nicolas).

Son portrait par lui-même. M. V. E.
Gerbier (Baltazard), par Meysens. Deux *fac-simile* de portraits de Van Dyck, la tête de Snellinx et le portrait de Franc Junius.

Portraits par divers graveurs d'après Van Dyck. Rares épreuve. avant la lettre.

Barlemont (Marie-Marguerite de). Gravé par B. J. Neefts. Epreuve avant la lettre.
Blathoven (J. B. de), jésuite d'Anvers. Gravé par Lommelin. Epreuve avant la lettre ; titre, écriture manuscrite du temps. *Coll. J. Barnard.*
Blois (Jeanne de). Gravée par P. de Jode. Epreuve avant la lettre, écriture manuscrite.
Bourbon légitimé de France (Antoine de). Gravé par P. Baillin. Epreuve avant la lettre, écriture manuscrite. *Coll. J. Barnard.*
Chrétien, évêque postulé d'Halberstat, duc de Brunswick. Gravé par R. Voerst. Epreuve avant la lettre, avec écriture manuscrite de la main de Van Dyck.
Delmont (Déodat), peintre d'histoire. Gravé par Vorsterman. Epreuve avant la lettre.
Faille (Alexandre de la). Gravé par Lommelin. Epreuve avant la lettre, écriture manuscrite. Très-rare. *Coll. J. Barnard.*
Faille (J.-C. de la), d'Anvers, jésuite. Par Lommelin. Epreuve avant la lettre, écriture manuscrite.

Ferdinand d'Autriche. Gravé par John Payne. Epreuve avant la lettre. *Coll. Marriette, 1670.*
Franck le jeune (François), peintre d'histoire. Gravé par Hondius. Epreuve avant la lettre. L'écriture manuscrite et le nom de la main d'Hondius.
Gevartius (Gaspard), historiographe, par Pontius. Epreuve avant la lettre, écriture manuscrite.
Hanneman, peintre. Gravé par ***. Epreuve avant la lettre.
Howard, duchesse de Lenox (Catherine). Gravé par Arnould de Jode. Epreuve avant la lettre.
Leroy (Philippe), curieux de tableaux. Gravé par Pontius. Epreuve avant la lettre écriture manuscrite. Ce portrait avait été commencé par L. Vorsterman ; il fut effacé et recommencé par Pontius. Dans cette épreuve on en voit encore la place, qui n'a pas été raccordée, et le chiffre de Vorsterman, qui n'a pas été enlevé.
— Le même portrait aussi avant la lettre et l'écriture manuscrite, le fond entièrement raccordé et le chiffre de Vorsterman disparu.
Mirevelt (Michel), peintre de Delft. Gravé par Delft. Epreuve avant la lettre. Avant des contre-tailles dans toutes les parties de l'estampe.
— Le même portrait aussi avant la lettre, entièrement couvert de contre-tailles qui donnent plus d'effet au portrait.
Olivier (Pierre), peintre anglais. Gravé par Voerst. Epreuve avant la lettre ; l'écriture manuscrite indique que ce portrait est peint par Olivier, mais sur une pose de Van Dyck, et que ce portrait a fait autrefois partie de la collection royale.
Riche (Henri, comte de Hollande). Gravé par Clouet. Epreuve avant la lettre, écriture manuscrite.
Wake (Anna). Gravé par Clouet, épreuve avant la lettre, le nom du personnage et le nom du peintre, écriture manuscrite de la main de Van Dyck.
Willeborts Botschaerts (Thomas), peintre. *Jean Meyssens excudit.* Epreuve avant la lettre.
Wolfart (Arthus), peintre. Par C. Galle, épreuve avant la lettre. Ecriture manuscrite.
Voerst (Robert Van der). Ernest comte de Mansfeld, d'après A. Van Dyck, épreuve rare avant la lettre.

Antoine Cornelissen. Epreuve avant le nom du graveur, qui est Vorsterman. M. V. E.

Gevartius, par Pontius. Epreuve avec M. V. E.

Van Dyck, par Jacques Neef, la tête par A. Van Dyck. Edition de G. H.

Digbi, par Vorst.

Cocberger (Wenceslas), par Lucas Vorsterman.

89. **Du Sart** (Corneille). Le couple ivre (7). La fête de village (16). Deux pièces, très belles épreuves.

90. — Les douze mois de l'année. Suite de douze estampes gravées en manière noire. Belles épreuves avant la lettre. *Bartsch* n'indique pas cet état.

91. **Eckout** (Gerbrand Van den). Portrait d'un jeune homme. On lit au fond à droite : *G. V. D. Eckout*, 1646, très belle épreuve d'une pièce rare.

92. **Everdingen** (Albert Van). Son œuvre.

Des 103 pièces dont il se compose, nous en possédons 62 belles et anciennes épreuves, dont le n° 54 deux fois, un premier état avant un arbre à gauche qui a été ajouté à l'épreuve du deuxième, et le ciel différent ; n° 82 avec le ciel blanc; M. Weigel n'a pas connu ces deux différences; n° 75, 86, 87, 90, avant les ciels, citées par M. Weigel.

Les n°' qui manquent à notre suite sont 3, 5, 8, 14, 15, 16, 23, 24, 27, 29, 32, 37, 38, 40, 42, 44, 45, 46, 57, 58, 60, 62, 64, 66, 78, 79, 81, 83 à 86, 90, 91, 93, 99, 102, 103.

Sept pièces belles épreuves du premier état avant le trait formant bordure et avant les ciels, pour la suite des tables du Reynier le Renard, ce sont les n° 5, 10, 15, 57, 39, 40.

93. **Flamen** (Albert). Le goujon et le barbeau. Deux pièces, la dernière avant le numéro.

94. **Glauber** (Jean). Paysages à l'eau-forte suite de six pièces numérotées. *Gaspard Poussin pinxit, J. Glauber sculpsit.*

95. **Goltzius** (Henri). Le jeune Frisius prêt à monter sur un chien. Belle estampe connue sous le nom du *Chien de Goltzius*. Très belle épreuve de la pièce la plus importante du maître.

Une épreuve de cette estampe s'est vendue au prix de 400 fr. plus les frais, à la vente du cabinet de M. Maurel.

96. — Les chefs-d'œuvre de Henri Goltzius, suite de six estampes gravées en 1593 et 1594 belles et rares.

97. — Un porte enseigne, 1587 (125). Un capitaine d'infanterie, 1587 (126). Officier de guerre, 1585 (218). Trois pièces, belles épreuves.

98. — Les quatre parties du jour (91 à 94), quatre pièces, belles épreuves par Jean Saeredam, d'après Goltzius.

99. — Les cinq sens (manque l'ouïe), quatre estampes. *Henri Golsius inventor, Phillipius Galla excudit.*

100. **Goudt**, comte Palatin (Henri). Tobie et l'ange, deux différentes planches, Judith et Holopherne, Fuite en Egypte, Philémon et Beaucis, Cérès et la vieille Misma, d'après Elsheimer. Sept pièces gravées en 1612, 1613. Très belles épreuves formant l'œuvre de ce maître.

101. **Hell** (Léon Van). Danse flamande, d'après Rubens. Cette danse est la même qui se trouve dans les paysages de Bolswert. Pièce à l'eau-forte (n° 41, cat. basan. allégories). Pièce très rare.

102. **Iegher** (Christophe). Dieu le père et Jésus le fils couronnant la Vierge, pièce gravée en bois. *P. P. Rubens delin. et excud.*

103. **Lucas de Leyde.** David jouant de la harpe devant Saül (27). Très belle épreuve d'une pièce importante du maître.

104. **Lutma** (Jacob). Portrait de femme. On lit dans le coin à gauche : *Baker pinxit, Jacobus Lutma fecit et exc.* Belle épreuve d'une pièce très rare.

105. **Maës** (Dick ou Thiery). Cavaliers au manège, deux pièces à l'eau-forte sans nom d'auteur.

106. **Meer** le jeune (Jean Van der). La brebis debout (2), au bas à gauche est écrit au rebourg : *J. V. der Meer de Jonge f. 1685.*

107. **Moucheron** (Isaac). Paysages. Suite de dix pièces, à la première on lit : Eenige Landschapen geschilderd door G. Poussin in Romen, in't Koper gebracht door J. d'Moucheron in Amsterdam. Aux neuf autres : G. Poussin pinxit. I Moucheron fecit.

108. **Naiwinx** (Henri). Première suite de huit paysages gravés d'une pointe légère et spirituelle. N°˚ 1 à 8. Belles épreuves rares.

109. — Deuxième suite de paysages, n°˚ 1 à 8. Belles épreuves rares.

110. **Nypoost** (Justus Van der). Intérieur flamand, cinq figures dont une jeune femme qui cherche à relever son enfant assis à terre. Sujet dans un ovale, au coin à gauche on lit : *J. V. d. Nypoost fecit*. Pièce rare du cabinet W. Esdaille.
111. **Ossembeck** (Jean Van). Le bouc et la chèvre (18).
112. **Ostade** (Adrien Van). 1re classe. Bustes nos 1 et 2, deux épreuves de chaque, 1er et 2e états avant et avec le trait carré. N° 3, trois épreuves avec différences, le donneur de cor. N° 7, le veilleur. N° 8, le fumeur à la fenêtre. N° 10, la tendresse champêtre. N° 11, la cruche vide. N° 15, l'école. N° 17, le coup de couteau. La grange, n° 23. La devideuse, n° 25. Les pêcheurs, n° 26. Le marchand de lunettes, n° 29. La chanteuse, n° 30. La fileuse, n° 31. Le peintre, deux épreuves une plus travaillée, n° 32. L'émouleur, n° 36. L'homme conversant avec la femme, le paysan payant son écot, le charlatan, n° 43. Le violon bossu, n° 44. La fête sous la treille, n° 47. Et tout vingt-neuf pièces anciennes épreuves provenant de la *coll. W. Esdaille*. Cet article sera divisé.
113. — L'homme et la femme causant ensemble (12), très belle épreuve avant le trait carré renforcé. Homme et femme marchant ensemble (24), très belle épreuve avant le trait carré. L'homme conversant avec la femme (37), belle épreuve avant le trait carré renforcé. Trois figures grotesques (28), quatre estampes.

114. **Potter** (Paul). Différents chevaux de la frise, n°⁸ 9 à 13. Suite de cinq estampes très rare, belles épreuves.
115. — Le vacher (14).
116. — Le berger, gravé en 1644. Epreuve avec l'adresse de *Clément de Jonghe*.
117. **Rembrandt** (Paul). Joseph et Putiphar (39).
118. — L'annonciation aux bergers (44), très belle épreuve d'une jolie pièce.
118 bis. — La même estampe.
119. — L'adoration des bergers (46).
120 — Jésus prêchant, pièce dite la petite tombe (67), rare épreuve avant la manche éclaircie. Elle est sur papier du Japon.
121. — Résurrection de Lazare (73), pièce cintrée.
122. — Jésus guérissant les malades, belle estampe dite la pièce aux cent florins (B. 74), superbe épreuve sur papier du Japon et avec marge du 1ᵉʳ état de Bartsch. Collect. *Aylesfort*.

A la vente de la collection de M. Debois, en 1845, une épreuve de pareil état et même qualité a été payée 2,940, et en Angleterre, à la vente Esdaille, en 1840, 231 liv. sterling.

123. — Ecce Homo, grande pièce (77), très belle épreuve du 3ᵉ état.
124. — Les trois croix (B. 78), belle et très rare épreuve du 1ᵉʳ état avec la tête du vieillard au trait et avant le nom de Rembrandt.
125. — La même estampe, 3ᵉ état, entièrement différente. Elle est avec le nom de Rembrandt, mais avant le nom de *Franz Carette*, 4ᵉ état dont Bartsch ne parle pas.

126. — Les pélerins d'Emmaüs (87), belle épreuve.
127. — Le bon Samaritain (90), belle épreuve d'une pièce estimée de Rembrandt.
128. — Le martyre de saint Etienne (97).
129. — Le lit à la française, pièce très rare (B. 186), épreuve rare du 2ᵉ état avec le nom de Rembrandt, du cabinet Rechberger, 1806.
130. — Femme nue dormant (204). Négresse couchée (205).
131. — La grange à foin (224), très belle épreuve rognée du haut.
132. — Homme à barbe courte et bonnet fourré (263), très belle épreuve.
133. — Le vieux Haring (274), belle épreuve sur papier du Japon d'un beau portrait extrêmement rare. Collect. *Aylesfort et Hibbert*.
134. — Asselin peintre vu à mi-corps, derrière lui un paysage posé sur un chevalet (277).
135. — Le même portrait, le fond est blanc, il n'y a pas de chevalet, épreuve sur papier du Japon, une note derrière indique que cette épreuve a appartenu à Châlons.
136. — Lutma (278).
137. **Bol** (Ferdinand). Saint Jérôme, morceau cintré, très belle épreuve d'une pièce capitale du maître. Du *Cabinet W. Esdaille*.
138. — Vieillard à barbe frisée (9), morceau gravé avec beaucoup d'esprit dans le goût de Rembrandt, belle épreuve.
139. — Portrait de femme dans un ovale (15), belle épreuve.

140. **Livens** (Jean). Saint François (6), première épreuve de la planche plus grande et avant le chiffre de Livens, belle et rare.

141. — Anachorète (7). C'est la même composition que celle précédente, seulement légèrement tracée, on lit les lettres IL.

142. — Buste de vieillard (22), épreuve avant l'adresse de *F. V. Wing ex.* état non décrit par Bartsch.

143. **École de Rembrandt.** Fuite en Égypte (6), pièce de nuit joliment exécutée dans le goût de Rembrandt. Elle est rare.

144. — Kermesse avec Charlatan (18 des pièces gravées dans le goût de Rembrandt). Cette jolie pièce est attribuée à Renesse.

145. Vieillard assis dans un fauteuil (71). Buste d'homme (72). Vieillard assis les mains jointes; il dort. Trois pièces à l'eau-forte par S. Koninck.

146. — Têtes de vieillard, un petit mendiant, quatre pièces dont une gravée en bois.

147. **Roos** (Henri). La bergère (31), très belle épreuve d'une pièce rare avant le trait échappé et l'angle arrondi, remarque que ne signale pas Bartsch.

148. — Les deux chèvres (3). Le mouton dormant (8), deux pièces, très belles épreuves.

149. **Rubens** (Pierre-Paul). Sainte Catherine. *P. Paul Rubens fecit,* très belle pièce à l'eau-forte, superbe épreuve, elle est très rare.

150. — Christ mort, d'après Rubens, copie de l'estampe de Pontius, et Christ sur les genoux de la Vierge, copie de l'estampe de Worsterman, d'après Van-Dyck.

151. **Swanevelt** (Herman). Les satyres (nos 50 et 52). Vues de Rome (44, 45, 57). La fileuse et les quatre bœufs (78). Vues de Rome (86, 87, 91, 92, 93, 94). Mercure et Battus (95, 96). Balaam (111), ces trois avec l'adresse de P. Mariette, mais avant les numéros. Histoire d'Adonis (103). Seize pièces, belles épreuves avec *fecit et excudit*, plus quatre pièces d'après Swanevelt, par Goyrand et autres.

— Différents animaux, suite de sept estampes (26, 32), de cette suite quatre sont avant les adresses d'Audran. Cet article sera divisé.

152 **Stoop** (Thiery). Suite de chevaux (1 à 12), très belles épreuves avant les numéros et avant l'adresse de Clément de Jonghe au premier morceau (manque le n° 10).

153. — Les fables d'Esope, édition in-folio publiée à Londres, par Olgiby en 1678. Dix-huit pièces à l'eau-forte, cinq portent le nom de Stoop, les autres lui sont attribuées. Bartsch n'a pas décrit ces estampes, elles se trouvent décrites dans le catalogue Rigal.

154. **Suyderoëff** (Jonas). Les bourgmestres d'Amsterdam, d'après Keiser, très belle et vigoureuse épreuve d'une pièce capitale du maître. Rare.

155. — La paix de Munster, d'après Terburg, très belle épreuve avant la retouche.

156. — Une servante apporte à boire à deux paysans attablés à la porte d'un cabaret hollandais, un balai placé à gauche de la composition a fait donner à cette estampe d'après A. Van Ostade, le nom du *manche à balais*, très belle épreuve avant l'adresse de Clément de Jonghe.

157. — Homme versant à boire à une femme assise à une table, d'après A. V. Ostade, belle épreuve avec l'adresse de Clément de Jonghe.

158. — Les joueurs de trictrac, d'après A. V. Ostade, très belle épreuve avant l'adresse, seulement les noms du peintre et graveur.

159. — Portrait de Post, belle épreuve avant toute lettre.

160. **Teniers** (David). Danse flamande, belle épreuve, on lit : *David Teniers fec. Abraham Teniers excudit.*

161. — Deux pélerins, deux petites pièces à l'eau-forte, à chaque le monogramme de Teniers.

162. **Uden** (Lucas Van den). Paysage, n°s 3, 11, 22, 23, 26 et 29 deux avant l'adresse de Wingaerde et 47. Sept pièces, belles épreuves.

163. — Paysage où l'on voit une femme qui trait une vache (58), très belle et rare épreuve d'eau-forte pure avant le nom de Rubens, celui de Van Uden et l'adresse de Wingaerde.

164. — La même estampe avec la lettre et plus travaillée.

165. **Velde** (Adrien Van den). La bergère (17), superbe épreuve sur papier à la folie, et du 1er état avec une tache d'eau-forte à droite laquelle

a été recouverte de travaux dans les épreuves postérieures. Bartsch n'indique pas cette remarque. *Collec. Verstock de Soelen et Robert Dumesnil.*

166. — La même estampe, même état, très belle.

167. — La même estampe, la tache d'eau-forte recouverte de burin.

168. — La vache et les deux moutons au pied d'un arbre (11). Les deux vaches au pied d'un arbre (13). La brebis (14), trois pièces.

169. **Vlegler** (Simon de). L'auberge (8), superbe avec barbe dans la marge. Le bourg (9), belle épreuve. Les pêcheurs (10), très belle épreuve, belle pièce.

170. — Différents animaux, suite de dix morceaux, à plusieurs de ces morceaux les lettres S. de V. Belles épreuves d'une suite rare à trouver complète, elle est avant les numéros et avant l'adresse de Danckerts sur la dernière pièce. Bartsch ne décrit pas cet état; il est décrit dans le suplément de M. Weigel de Leipsick.

171. **Visscher** (Corneille). Le marchand de mort aux rats. Rare épreuve avant la lettre, du cabinet Borduge.

172. — La bohémienne, très belle épreuve avec l'adresse de Clément de Jonghe.

173. — Intérieur hollandais, d'après A. Van Ostade, sujet connu sous le nom des Patineurs. Superbe et rare épreuve avant la lettre, des *cabinets Verstock de Soelene et M. Thourel.*

174. — La même estampe, très belle épreuve avec les noms et l'adresse de *N. Visscher excud.*

175. — Les violonneurs, d'après Ostade, épreuve d'ancien tirage.

176. — Gellius de Bouma, beau portrait du maître.

177. — Portrait de vieille femme singulièrement coiffée présumée la mère du graveur. Superbe épreuve avant la lettre, 1er état, il est très rare.

178. Jean de Paep, courtier d'Amsterdam. Buste tourné vers la droite regardant à gauche, cintré du haut. Très-belle et rare épreuve avant toute lettre. (N° 24 du catalog. de M. Smith).

179. **Visscher** (Jean). Paysan caressant une femme qui tient un verre et un pot, ce que regarde un autre paysan debout derrière eux. Morceau connu sous le nom du *Tâtonneur*. D'après A. Van Ostade. Epreuve sans aucun nom d'auteur ni adresse, dans la marge du bas.

180. — Dans un intérieur rustique, un paysan dévide, morceau d'après Ostade, dit le *Dévideur*. Superbe et rare épreuve avant la lettre.

181. — Portrait de Casauvonius? Sans aucune marque. Belle et rare.

182. **Waterloo** (Antoine). Son œuvre. Très-belles et anciennes épreuves.

Titre en hollandais, Amsterdam *Cornelis Danckerts*. Ce titre est d'une extrême rareté. Bastsch ne l'a pas connu, mais il est cité par M. Weigel.
Paysage (n° 1). Paysage (n° 2), épreuve avant le n° 7. Paysage suite de quatre pièces (3 à 6). Suite de douze paysages (7 à 18,

manquent les n°ˢ 11, 16, 18). Le n° 15 double avant et après le n°. Deux paysages (19 et 20), le dernier avant le n° 12.

Suite de douze paysages (20 à 32), marqués des lettres A à M, avant la retouche et les mots *exc.* effacés.

Suite de six paysages (33 à 38), très-belles épreuves; le n° 38 est d'une grande rareté. La Chaumière (39), la Nuit claire (40).

Suite de six paysages (41 à 46). Suite de six paysages (47 à 52). Autre suite de six paysages 53 à 58; manque le n° 53). Suite de six paysages (59 à 64).

Suite de six paysages (65 à 70; manque 70). Suite de six paysages (71 à 76). Suite de six paysages (77 à 82). Suite de six paysages (83 à 88).

Suite de six paysages (89 à 94. Suite de douze paysages (95 à 106; manquent 99, 100, 102, 103, 105 et 106, deux épreuves du n° 101.

Suite de six paysages (107 à 112), nous avons seulement le n° 107. Suite de six paysages (113 à 118), nous avons les n°ˢ 114 et 116 seulement. Suite de six paysages (119 à 124), les n°ˢ 120, 121, 122 et 123 seulement. Suite de six sujets ornés de sujets mythologiques (n°ˢ 125 à 130), les n°ˢ 125, 126, 127, 128, 130 seulement. Suite de six sujets de l'Ancien-Testament (131 à 136), les n°ˢ 132, 133, 134 et 136 seulement, et, en plus, 136 A, pièce douteuse.

Trois doubles, (n°ˢ 121, 122, 123. Très-belles épreuves.

En tout, cent dix-huit pièces. Très belles épreuves. Cet article sera mis sur table en un seul lot; si la mise à prix n'est pas pas couverte, il sera divisé en douze lots.

183. **Zeeman** (Reinier). Les portes de la ville d'Amsterdam, suite de huit estampes. Belles épreuves. Quatre portent l'adresse de Danckerts.

Ecole Flamande.

185. — Bacchus et Ariane. Pièce sans marque, dans le goût de Gérard de Lairesse.

Ecole Française.

186. — **Audran** (Gérard). Le Buisson ardent, d'après Raphaël.

187. — Paysages. *Inventé par le Gaspre Poussin et gravé par Audran, à Paris, rue Saint-Jacques, aux Deux-Pilliers d'or. Avec privil. du Roy.* Suite de six pièces numérotées. (Manque le n° 1.)

188. **Audran** (Benoist). J.-B. Colbert, Villarding, épreuve avant la lettre, d'après Cl. Lefèvre; Seguier, par Carle Audran; Claude Cherrier, par Jean Audran. Quatre pièces.

189. **Balechou**. Madame Louise de France et Madame Marie-Henriette de France, filles de Louis XV. Deux pièces d'après Nattier en 1750, la dernière par J. Tardieu.

190. **Bosse** (Abraham). Les vœux du roi et de la reine à la Vierge, inspiration divine, les forces de la France, réduction de la ville de Mantoue. Quatre pièces, plus une grande copie faite en Hollande du mariage d'Uladislas III et Marie de Gonzague. Cinq pièces.

191. **Boulanger**. J. Olier, Isidore de Haynin, Mademoiselle Le Gros. Quatre portraits.

192. **Briot** (Jean). Le portraict de très-hault, très-

puissant, très-excellent prince Henry le grand roy de France et de Nauarre... qui trépassa en son palais du Louvre, le 14ᵉ de may 1610.

Belle pièce représentant Henri IV sur son lit de mort. Superbe épreuve et très-rare.

193. **Coelemans** (Jacques). Quatre portraits des seigneurs Boyer d'Aiguilles.

194. **Demarcenay**. Paysage d'après Rembrandt, et le Testament d'Eudamidas d'après N. Poussin. Deux estampes, épreuves avant la lettre.

194. — Henri IV, Sully, De Thou, Jeanne d'Arc, l'Hospital, Villars, le maréchal de Saxe, etc. Vingt portraits ; dix sont avant la lettre.

195. **Desrochers**. Le maréchal de Villars, d'après Rigaud. Deux épreuves ; une est avant la lettre. Le cardinal Fleury et François Patot. Epreuves avant la lettre. Quatre pièces.

196. **Drevet** (Pierre). Hyacinthe Rigaud, peintre. Deux différents portraits, Maria Serre, femme Rigaud ; Jean Foret, peintre, Marie duchesse de Nemours, marquis Dangeau, Henri d'Oswald, Alexandre Milon, Nicolas Colbert, Henri de Fourcy. Dix portraits d'après Rigaud.

197. — De Cisternay du Fay, J.-P. à Lillienstedt Quatre portraits.

198. — Louis-Hector duc de Villars, d'après H. Rigaud. Très-belle épreuve.

199. Le Bonne de Créquy, maréchal de France, d'après Rigaud. Epreuve avant la lettre. Rare.

200. — De Tressan, archevêque de Rouen, pièce dite le *Grand Bréviaire*; Pierre Pailliot, la duchesse de Lesdiguières, Arnold de Ville, Rousseau, Adrienne Lecouvreur. Six portraits.

201. Portrait de Christian Guldenleu, d'après Rigaud. Épreuve avant la lettre.

202. **Dorigny** (Nicolas). La Transfiguration, d'après Raphaël. Très-belle et rare épreuve avant le mot *esquare*.

203. **Dughet**, dit **Gaspard Poussin**. Divers paysages gravés d'après les plus beaux tableaux de Guaspre qui sont en Angleterre, par Vivarès, Chatelain, S. Wood, Masson, etc. Trente-trois pièces. Très-belles épreuves.

204. — Contre-épreuves. Trente-trois pièces.

205. **Duvet** (Jean). Moïse (P. G. Français, n° 1). Morceau très-rare.

206. L'Apocalypse. Suite de vingt-trois estampes. Dans la première de ces estampes, Jean Duvet s'est représenté assis à une table, occupé de l'étude du sens de l'Apocalypse. (R. D. n°s 27-43 et B. n°s 12 à 35.

Bartsch porte le nombre à 24, en y ajoutant le n° 51 du catalogue de M. Robert Dumesnil, qui est le martyre de saint Jean, qui n'en fait pas partie ; le livre publié en 1561 à Lyon n'a que 23 feuillets, et le titre. Ce livre est rarissime ; un exemplaire a été vendu 1,000 fr. à la vente de la bibliothèque Coste, en   . Il est aussi de la plus grande rareté de trouver les planches réunies, et lorsqu'elles passent isolées dans nos ventes, elles se vendent 40 à 50 fr. chacune. Notre exemplaire est magnifique d'épreuve et de conservation.

207. — Saint Jean dans l'île de Patmos (50).

208. — Martyre de saint Jean (51).

SUJETS FAISANT ALLUSION AUX AMOURS DE HENRI II
ET DIANE DE POITIERS.

209. — Un chasseur apporte des présents à un roi assis auprès de Diane (54).
210. — Licorne conduite en triomphe (58).
211. — Licorne et autres animaux au bord d'une rivière (59).
212. — Poison et contre-poison (61).
213. — La Majesté royale (60). Belle épreuve d'une pièce très-rare.
214. **Duvivier** (G. Du). La Cuisinière d'après Ant. V. Hoil.
215. **Fiquet**. Corneille, Descartes, Regnard, madame de Maintenon, J.-B. et J.-J. Rousseau, Vadé, etc. Onze portraits, plus dix de la suite d'Odieuvre, et quatre portraits par Savart. Vingt-cinq pièces.
216. **Edelinck** (Gérard). Van Bonc, peintre (157). Premier état avant la lettre. Très-rare.
217. — Ph. de Champagne, d'après ce maître (164). Premier état.
218. — Bossuet (156). Premier état. Michel Colbert (172). D'Herbelot (183). Gédéon Berbier (189). Quatre pièces, belles épreuves.
219. — Nanteuil, graveur (282). Deuxième état. Beau.
220. — Charles Perrault (292). P. Simon (320). Tortebat (328). Trois pièces.
221. — Le Brun, peintre (238). Belle épreuve).

222. — Paul de Lionne (247). Belle épreuve du deuxième état.

223. — Lenain de Tillemont (241). Louis XIV (249). Premier état. Franc. Mansart (266). Pierre de Marca (269). Comte de Meslay (273). Mignard (274). Six pièces, belles épreuves.

234. — Louise d'Epernon (195). Fabert (199). N. Feuillet (204). Furetière (209). Gobinet (215). De Grammont (220). Six pièces.

225. — Lafontaine (230), plus la copie par Daullé.

226. — Nicolas Verien (235), avant le nom d'Edelinck.

227. **Gelée dit le Lorrain** (Claude). La Fuite en Egypte (R. D. 1.) Belle épreuve avec marge, du premier état. Avant le trait carré complétement exprimé.

228. — Le Pont de bois (R. P. 14). Ancienne épreuve.

229. — Le Dessinateur (9).

230. — Le troupeau en marche par un temps orageux (18).

231. — Scène de brigands (12).

232. — La Tempeste (11), ancienne épreuve. Les Trois Chèvres (26). Deux pièces.

233. — Le port de mer au fanal (11).

234. — La danse villageoise (24), ancienne épreuve avant le trait carré renforcé.

235. — Campo Vaccino (23), belle épreuve du cinquième état.

237. — Doubles des n°' 1, 14, 18. Trois pièces diverses, anciennes épreuves.

238. — Paysages d'après les plus beaux tableaux qui sont en Angleterre. Neuf pièces gravées par Vivarès, Chatelain, Wood, etc. Très-belles épreuves.

239. **Granthome** (Jacques). Henri IV et Marie de Médicis.

240. **Humbelot**. Vincent Le Borgne, Victor Le Boutheillier, Isaac de Laffemas, Harvay de Chavallon, etc. Sept portraits.

240 bis. — Le maréchal de la Meilleraye, Henri de Lorraine, comte d'Harcourt, deux différents portraits, dont un par Daret, l'autre par Vittoria Ferena. Trois portraits équestres. Rares.

241. **Huret** (Grégoire). Allégorie à Mazarin, grande thèse dédiée à ce personnage en 1647. Prince de Conti, Rainaudin, Jacques Boyceau, Pierre Pujet, président au parlement. Dix pièces dessinées et gravées par G. Huret. Deux lots.

241 bis. **Landry** (Pierre). Marquis de Genlis, Henri Picart, B. d'Avernes, Michel Larcher, Charles de Bourbon, évêque de Soissons, Ant. Baudran, G. de Boyles, Raymond Berenger, Delasalle, Gilbert de Choiseul, de Pedrasa Minime, Jérôme Ari, etc. Douze portraits gravés de 1660 à 1681. Plusieurs d'après Lefebure.

242. **Lenfant** (Jean). René de Marillac, Charles Dujour, J. Danes, cardinal de Bonzy, Colbert, P. de Cambout, de Nesmond, Du Tillet, duc de

Lesdiguières, Cl. Jegou, L. Boucherat. Dix-sept portraits gravés de 1656 à 1670. Très-belles épreuves.

243. **Lasne** (Michel). Condé, de Bassompierre, de Gondy, de Montagu, Arnauld, de Bergère, de Harley, Metezeau, Mazarin, Quesnel, etc., etc. Vingt-un portraits.

244. — Louis XIV, jeune. Joli portrait.

245. **Lochon** (René). Lamoignon, Simon Gras, évêque de Soissons; Jacques Letellier, l'évêque de La Rochelle, Louis Messier, le duc de Chevreuse, Henri de Savoye, G. de Verdelot, M. Bourbon, évêque de Soissons; Villemonté Jacques d'Alibert. Quatorze portraits.

246. **Léonard Gaultier.** Henri IV, Marie de Médicis, Elisabeth d'Autriche, Henry de Gondy, Ant. de Lestang. Sept portraits.

247. — La duchesse de Guise, deux états différents du même portrait.

248. — Jeanne d'Albret, par Léonard Gaultier, 1596; le dauphin fils de Henri IV par Custodis, deux épreuves. Trois estampes.

249. **Leu** (Thomas de). Henri IV en buste coiffé d'un chapeau avec aigrette. Au bas, quatre vers : *Ce monarque français...* etc. Belle épreuve d'un beau portrait.

250. — Marie de Médicis en costume du sacre. Rare.

251. — Henri IV et Marie de Médicis.

252. — Louis, dauphin; François de Bonne de Lesdiguières, Eléonore d'Autriche, Pierre de Besse, duc d'Anjou, par Thomas de Leu. François Ier et Louis XIII, par un anonyme. Sept portraits.

253. **Masson** (Antoine). Portrait de ce graveur, né à Orléans où il est mort âgé de soixante-six ans. Très-belle épreuve avec marge.

254. — Louis XIV, Louis, dauphin; Honorat d'Albert, Brisacier, la duchessse de Guise, P. Duchesse de Guise; P. Dupuis, peintre de fleurs. Six portraits.

255. — Louis de Lorraine, comte d'Harcourt, dit le *Cadet à la perle*.

256. **Mellan** (Claude). Aubray, Le Boutheillier, P. Camus, de Crillon, de Créquy, Marie de Buade, Th. de Latour-d'Auvergne, de Longueil, Henri de Mesmes, Mazarin, Louis d'Orléans, l'abbé de Marolles, maréchal de Toiras, Richelieu et autres personnages français, généraux, magistrats, théologiens de l'époque de Louis XIII. Soixante-dix portraits gravés de 1630 à 1677. Cet article sera divisé.

257. **Merlen** (Jean Van). Nicolas et Achille de Harlay, Ferdinand de Neuville, Marie Moreau dame de Sancy, etc., etc. Dix portraits de la famille des Harlay gravés en 1652 et 53.

258. **Morin** (Jean). Guido Bentivoglio, cardinal, d'après Van Dyck.

259. **Perelle**. Vues de Paris, Versailles, Fontainebleau, Meudon, Chantilly, St-Germain, etc. Quatre vingt-douze pièces; belles épreuves.
260. **Nanteuil** (Robert). Anne d'Autriche (22), deuxième état. Beaumanoir de Lavardin (35), premier état. Pomponne de Bellièvre (36), premier état. Trois pièces.
261. Pompone (27), beau portrait.
262. Blondeau (40). Le Boutheillier (54). Castelneau (58). Colbert (93). Quatre pièces.
   Dulieu (85). Pierre Patae (88). Fronto (99), premier état. Gassendi (101), deuxième état. Mme Gillier (103) Hesselin (109). 2 épreuves.
263. — Hesselin (110), premier état. Hesselin (110), deuxième état. Guillaume de Lamoignon. Trois pièces.
264. — Michel Le Tellier (128). Beau portrait.
265. — Michel Le Tellier (134), premier état. Le Tellier (140), deuxième état. Le même (141), premier état. De Lionnes (148). Quatre pièces.
266. — Louis XIV (153), deuxième état, beau.
267. — De Longueil (172. Cardinal Mazarin (179). Deux portraits.
268. — Mazarin, 1656 (179). Mazarin (184). Deux portraits.
269. — Les deux mêmes et, en plus, Mazarin (187), premier état. Trois pièces.
270. — Fronto (99). Demouy (197). Henri de Mesmes (191), premier état. Trois pièces.
271. — Demouy (197), premier état avec marge.
272. — Duc d'Aumale (199), premier état.

273. — Perefixe (211). Perefixe (213). Scudéri (221), premier état. Trois estampes.
274. — Les trois mêmes portraits, plus Feret, Michel Larcher, Jean Petre. Trois pièces. En tout, six, et le n° 191, sept pièces.
275. **Poilly** (François et Nicolas de). Louis XIV, Gaston d'Orléans, Fouquet, Nicolas parfaict, Le Moyne, Tubœuf, Potier duc de Tresme, Arnaud, évêque d'Angers, etc., etc. Dix-huit portraits, belles épreuves; deux lots.
276. **Pitau**. Comte de Toulouse, la duchesse d'Orléans, Simon d'Abrizi, B. Priolius; deux épreuves, l'une est avant la lettre, etc., etc. Dix-neuf portraits; deux lots.
277. **Ragot** (François). Saint George terrassant le dragon, d'après Raphaël. Pièce dédiée au comte de Pembroke.
278. **Regnesson**. L'abbé Gounault, Eustache de Lasalle, Anthoine de Fremin, etc. Six pièces.
279. **Rousselet.** Seguier, Balthazar Grangier, Gondy, cardinal. Douze portraits.
280. **Roullet.** François-Michel, maréchal-ferrant, Camille Le Tellier. Deux épreuves; une avant la lettre. Six pièces; deux lots.
281. **Roullet**. J.-B. Lully, d'après P. Mignard. Belle épreuve.
282. **Vanschuppen.** Louis XIV, Michel Le Tellier, Maurice Le Tellier, Fr. de Lamoignon, Guillaume de Sève, Bouillaud, de Mouchy, P. de Marca, etc. Vingt-quatre portraits d'après Cl. Lefèvre, Champagne, Loir, Mignard, de Largillière, etc., etc. Belles épreuves; deux lots.

283. **Wille** (Jean-George). Les offres réciproquese d'après Dietricy. Rare. Epreuves avant toute lettre.

284. — Louis XV à cheval d'après Parrocel, Marie de Saxe, dauphine de France; Crébillon, Prevost. Quatre pièces, plus Porée par Balechou, de Caylus et Bernoully, par Schmidt de Berlin. En tout, huit pièces.

PORTRAITS.

Portraits de personnages français de tous états, du XVIe au XVIIIe siècle, peints et gravés par des artistes du temps.

285. — Charles IX, roi de France, en pied et en armure. Pièce rare gravée à l'eau-forte en 1562.

286. — Henri IV et Marie de Médicis, par Crispin de Passe.

287. — Henri IV, roi de France; quinze différents portraits par Thomas de Leu, Hondius, Wierix et des anonymes, de 1598 à 1610. Cet article sera divisé.

288. — François Ravaillac. Il est représenté en pied; on voit dans le fond, son attentat et son exécution. Copie d'une pièce gravée à l'eau-forte par Van Sichem.

289. — Marie de Médicis, reine-mère assise sur un trône; très-belle et rare épreuve avant la croisée. Ce portrait se voit en tête de l'ouvrage de Barlu, sur la réception faite à cette princesse à son entrée à Amsterdam.

290. — Marie de Médicis; deux différents portraits, l'un en costume de veuve, Louis XIII, etc.

291. — Portrait de Louis XIII en buste, par Jean de Brauwer.

292. — Louis XIII, roi de France, en buste, une couronne sur la tête et en manteau royal. Portrait rare, sans nom de graveur.

293. — Louis XIII à cheval, par de Gheyn.

294. — Louis XIII. Belle épreuve par C. de Passe.

295. — Louis XIII et Anne d'Autriche : *Michel Van Lochon, exc.* Deux portraits rares et très-beaux.

296. — Henri et Charles de Lorraine; trois portraits par Léonard Gaultier, Thomas de Leu et Custodis. Belles épreuves.

297. — Charles de Gonzague et de Clèves; deux portraits, belles épreuves.

298. — Louis XIII et Anne d'Autriche en costume royal. Louis XIII à cheval et Louis XIII par Boullanger. Quatre portraits.

299. — Louis XIII, par Sébastien Furck et Crispin de Passe. Deux portraits. Rare.

300. — Antoine de Bourbon, roi de Navarre; François II, roi de France; Marie de Médicis, etc., etc. Dix pièces.

301. — Trente-huit portraits de personnages français, Clément Marot, l'Hopital, Phil. Gamache, etc., etc.

302. — Dix-sept portraits de personnages français au xviie siècle, gravés par Gaspar Isaac, Delaroncière, Pontius, P. de Jode, etc.

303. — Quarante-huit portraits de personnages français, hommes et femmes, des suites publiées par Montcornet, Darel, Larmessin, etc.

304. — L'état glorieux et florissant de la famille royale, par le nombre et le mérite des princes et princesses qui la composent ; à Paris, chez J. Mariette, rue Saint-Jacques, aux *Colonnes d'Hercule*. Belle pièce historique, rare.

305. — Louis XIV, Turenne, Albert d'Ernecourt ; inauguration de la statue de Louis XIV sur la place Louis-le-Grand en 1669. Six pièces par Montcornet et Jollain.

306. — Le char triomphant de la paix sous le règne de Louis XIII. Pièce historique.

307. — Louis XIV, Louis XV, Rapin de Thoiras, marquis de Nerestang, duc de Broglie, de Vergennes, Gontaut Biron et autres personnages français, hommes de guerre. Onze pièces.

308. — Louis de Bourbon prince de Dombes, par Desrochers, Nicolas Larcher, Gabriel Vandages, Jean Crasset, Helyot, Claude Frassen, par Bazin et Louis Moreau. Six pièces.

309. — Louis XV, François Palu, N. Bion, ingénieur, Seguier, Charles de Laporte, etc. Huit pièces gravées par de Larmessin.

310. — Prince de Condé, de Valençay, marquis d'Holot, Et. d'Aligre, J. Roques, etc. Huit pièce gravées par J. Frosne en 1655.

311. — Cardinal de Rohan, cardinal de Fleury, par Chereau; épreuve avant la lettre. Ant. Lemaistre, Bignon, Guyet, etc., Dix portraits par Cars, Chereau, Simonneau, etc. Deux lots.

312. — Le Dauphin, Amédée Broglie, Charlotte duchesse d'Orléans comte de Brionne, Pardaillan de Gondrin, Castanier, Louis Picon, Le Bret, Delpech, etc. Dix-neuf portraits gravés d'après H. Rigaud, par divers graveurs.

313. — De Neufville, Le Boutheillier, de Villemenon, de Monchy, P. Barbeau, Dugne de Bagnoles, Ant. Perrier, André Colbert, de Jumel, etc. Quatorze portraits gravés par Gantrel et Grignon, de 1688 à 1704.

314. — La duchesse de La Vallière par J. Gole, et trois portraits par Spirinx, Zylvelt et Kilian. Quatre pièces.

315. — Emmanuel de La Tour d'Auvergne par Natalis; Nicolas de Paris, par Et. Picart; Lafond, gazetier d'Amsterdam, par Lombart; J.-B. Tavernier, par Hainzelman. Sept portraits; belles épreuves.

316. — Dix-sept portraits de personnages français. Rapin de Thoiras, Léonard Secousse, Manessier, De Thou, Guillaume de Lamoignon, P. Hallé, d'Herbelot, Michel-Ange de La Chaussée, Petrus Duval, N. Duval, Saint-Evremont, Poncet, François Quesnay, Pauyot, etc.

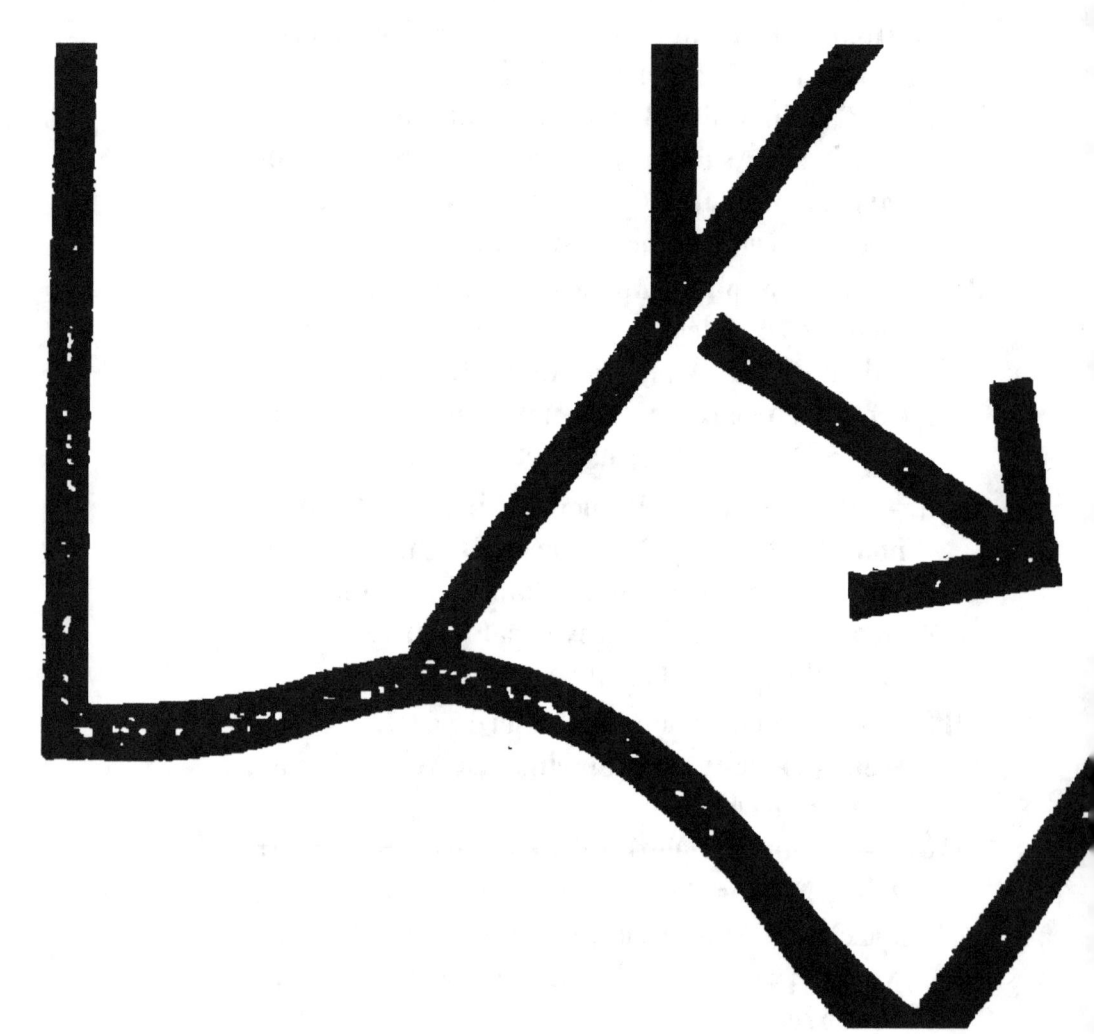

388. — Un paysage, dessin au crayon sur papier de couleur.
388 bis. — Intérieur de jardin, deux dessins au crayon sur papier bleu.
389. **Bourguignon** (Jacques Courtois dit le). Trois dessins à la plume et au bistre.
390. **Flamen** (Albert). Paysage et marine, deux dessins lavés à l'encre et au bistre.
391. **Gellée** (Claude) dit **le Lorrain**. Marche de bestiaux, dessin au crayon.
392. **Gillot** (Claude). Scène de satyre, les Plaideurs, scène de comédie, trois dessins, deux à la sanguine et un lavé à l'encre de Chine.
393. **Leclerc** (Sébastien). Cinq dessins à la plume.
394. **Mallet**. Sujet d'intérieur, gouache.
395. **Pillement**. Beau paysage avec animaux, dessiné à la pierre noire. Ce dessin a été gravé.
396. **Poussin** (Nicolas). Bas-reliefs, quatre grands et beaux dessins lavés au bistre et rehaussés de blanc, sur papier teinté, de la collection de sir Thomas Laurence. Cet article pourra être divisé.
397. **Robert** (Hubert). Croquis divers de vues et monuments au crayon et à la sanguine, quatre-vingt-douze pièces.
398. **Watteau** (Antoine) **et son école**. Jeune femme couchée dans un fauteuil, dessin à plusieurs crayons.
399. — Paysage à la sanguine.
400. — Un Turc vu à mi-corps, sanguine.
401. — Un Tartare à mi-corps, sanguine.

402. — Un pierrot et sa colombine dans un paysage, dessin à la sanguine.

403. — Etudes de figures à la sanguine, seize contre-épreuves.

404. — Une danse, dessin lavé à l'encre de Chine.

Divers Dessins.

405. Dix dessins par divers artistes, N. Poussin, Le Nain, N. Loir, Hennequin, etc., etc.

406. Deux dessins au crayon sur papier bleu et rehaussé de blanc, par Bon Boulogne et J. Vernet.

407. Paysages, études d'arbres; deux dessins dont un lavé au bistre attribué au Guaspre Poussin, et un au crayon attribué à Claude Lorrain.

Supplément.

408. Gabrielle d'Estrée, duchesse de Beaufort, joli dessin à plusieurs crayons, par un maître français du temps.

409. Dix-huit dessins d'hommes et femmes du temps de Henri IV, Louis XIII et Louis XIV, par *Lagneau, Quesnel* et les *Demoustiers*, *Collet*, d'*Horace Valpole*. Cet article sera divisé.

410. La duchesse de la Vallière, dessin lavé au bistre par *Bischop*; il a été gravé par H. Bary.

411. **Audran** (Gérard) et **Edelinck** (G.). La suite, dite les grandes batailles d'Alexandre, d'après Le Brun, cinq estampes; elles sont encadrées.

412. **Godefroy** (Jean). La Bataille d'Austerlitz, d'après Gérard. Très belle épreuve avant la la lettre de la 1re édition.
413. Sous ce numéro, diverses estampes non cataloguées, quelques dessins et tableaux.
414. Des portefeuilles et plusieurs catalogues d'estampes, de tableaux, etc., et tous les articles omis.

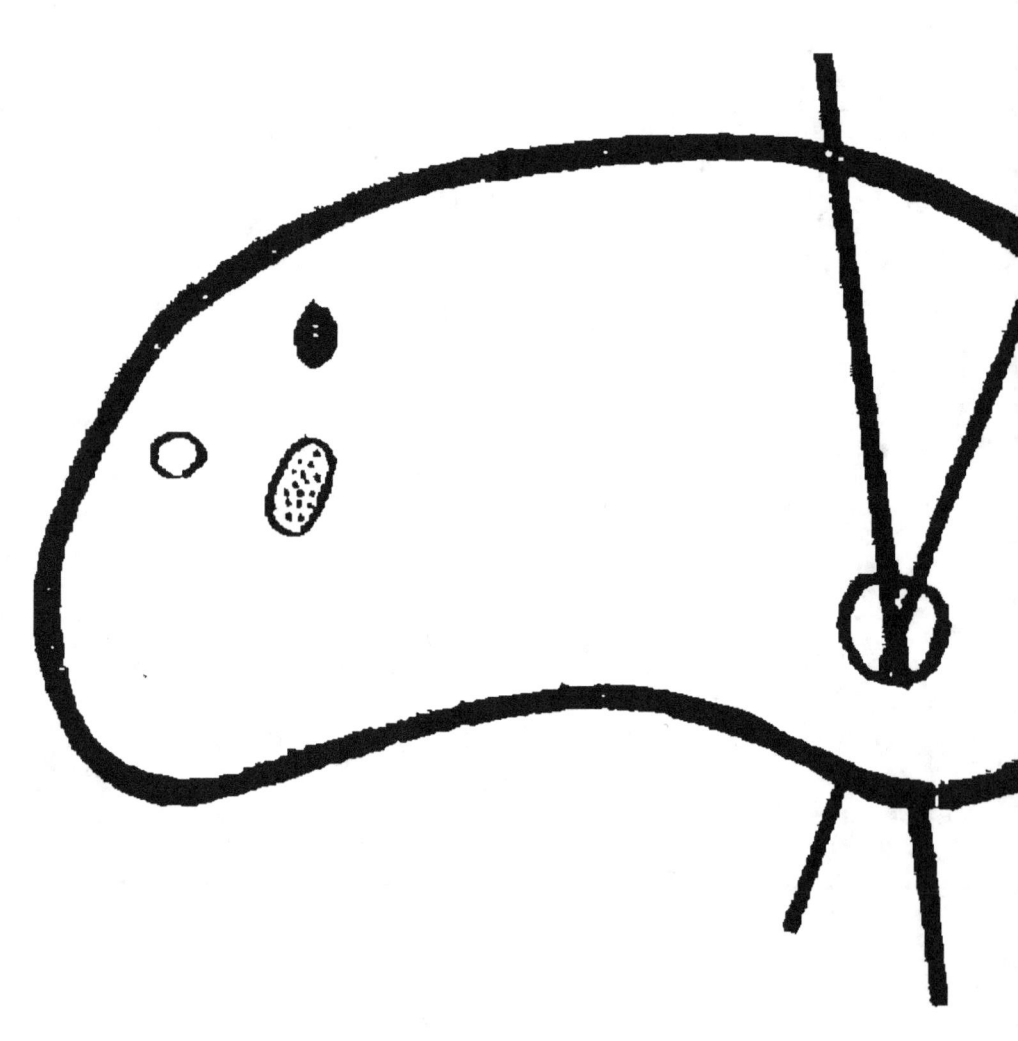

www.ingramcontent.com/pod-product-compliance
Lightning Source LLC
Chambersburg PA
CBHW030051230526
45471CB00003B/1037